Los montacargas

Mari Bolte

CREATIVE EDUCATION • CREATIVE PAPERBACKS

semillas del saber

Publicado por Creative Education y Creative Paperbacks
P.O. Box 227, Mankato, Minnesota 56002
Creative Education y Creative Paperbacks son marcas
editoriales de Creative Company
www.thecreativecompany.us

Diseño de Ellen Huber
Producción de Alison Derry
Dirección de arte de Tom Morgan
Traducción de TRAVOD, www.travod.com

Fotografías de Alamy (Chitsanupong Kathi, devilmaya), Getty (Danila Bolshakov/EyeEm, Kmatta, lingqi xie, Reza Estakhrian, Satakorn Sukontakajonkul/EyeEm, Sergey Dogadin, Yauhen Akulich), Shutterstock (BomMostFor, Chitsanupong Kathip, Dekliyngkaea, industryviews, Mirror-Images, Pissanu Jirakranjanakul, Shutter B Photo, Trovoboworod, Vereshchagin Dmitry)

Library of Congress Cataloging-in-Publication Data
Names: Bolte, Mari, author.
Title: Los montacargas / Mari Bolte.
Other titles: Forklifts. Spanish
Description: Mankato, Minnesota : Creative Education and Creative
    Paperbacks, [2024] | Series: Semillas del saber | Translation of:
    Forklifts. | Includes bibliographical references and index. | Audience:
    Ages 4–7 | Audience: Grades K–1 | Summary: "An early elementary-level
    STEM introduction to the forklift, translated into North American
    Spanish. Covers how the construction vehicle looks and works. Includes a
    glossary, further resources, and a labeled image guide to the lifting
    machine's major parts"— Provided by publisher.
Identifiers: LCCN 2023015578 (print) | LCCN 2023015579 (ebook) | ISBN
    9781640269255 (library binding) | ISBN 9781682774755 (paperback) | ISBN
    9798889890034 (pdf)
Subjects: LCSH: Forklift trucks—Juvenile literature. | Construction
    equipment—Juvenile literature.
Classification: LCC TL296 .B6518 2024 (print) | LCC TL296 (ebook) | DDC
    621.8/63—dc23/eng/20230405

Impreso en China

TABLA DE CONTENIDO

¡Hora de levantar!

Los montacargas son máquinas pequeñas. Levantan y mueven cosas de un lugar a otro.

Los montacargas tienen dos horquillas en la parte frontal. Las horquillas suben y bajan. Se deslizan debajo de una carga. Luego la levantan.

Los montacargas mueven suministros. Apilan cajas en almacenes. Estas cajas a menudo están sobre paletas.

En la parte trasera del montacargas están los contrapesos. Estos evitan que se vuelque. Los montacargas pueden transportar cargas muy pesadas.

Los montacargas tienen cuatro ruedas. Las ruedas delanteras ayudan a sostener la carga.

Las ruedas traseras viran.

Algunos montacargas
mueven barriles.
Otros mueven rollos
de papel. Y otros
¡levantan a los
trabajadores en el aire!

¡Termina de levantar!

Imagina un montacargas

mástil

horquillas

cabina

contrapeso

ruedas

Palabras para saber

almacén: lugar para almacenar mercancías.

contrapeso: un peso adicional que ayuda a equilibrar una carga.

horquilla: una punta larga y fuerte.

paleta: plataforma (comúnmente de madera) para almacenar y manejar mercancías.

Índice